Bibliografische Information der Deutschen Nationalbibliothek:

Die Deutsche Bibliothek verzeichnet diese Publikation in der Deutschen National-
bibliografie; detaillierte bibliografische Daten sind im Internet über http://dnb.d-
nb.de/ abrufbar.

Dieses Werk sowie alle darin enthaltenen einzelnen Beiträge und Abbildungen
sind urheberrechtlich geschützt. Jede Verwertung, die nicht ausdrücklich vom
Urheberrechtsschutz zugelassen ist, bedarf der vorherigen Zustimmung des Verla-
ges. Das gilt insbesondere für Vervielfältigungen, Bearbeitungen, Übersetzungen,
Mikroverfilmungen, Auswertungen durch Datenbanken und für die Einspeicherung
und Verarbeitung in elektronische Systeme. Alle Rechte, auch die des auszugsweisen
Nachdrucks, der fotomechanischen Wiedergabe (einschließlich Mikrokopie) sowie
der Auswertung durch Datenbanken oder ähnliche Einrichtungen, vorbehalten.

Impressum:

Copyright © 2019 GRIN Verlag
Druck und Bindung: Books on Demand GmbH, Norderstedt Germany
ISBN: 9783346188090

Dieses Buch bei GRIN:

https://www.grin.com/document/542141

Erika Schreiner

Begriffserklärung "Finanzialisierung"

GRIN Verlag

Finanzialisierung

Hausarbeit

Im Fach: Wirtschaftssoziologie im 21. Jahrhundert

Vorgelegt von:
Erika Schreiner

Inhalt

1. Einleitung und Gesellschaftliche Relevanz

In der Stadt Frankfurt ist das Stadtbild geprägt von Banken. Hohe Bankentürme zieren den Himmel und geben einen imposanten und mächtigen Eindruck auf jene die sie betrachten.

Das Eurozeichen mitten in der Stadt als ein weiteres Symbol für den dort ansässigen Finanzmarkt. Doch nicht nur die bloße materielle Präsenz des Finanzmarktes bedeutet, dass dieser präsent und in dem Sinne wichtig im Gesamtbild der Gesellschaft ist.

Geschehnisse wie die Finanzkrise aus 2008, welche durch eine Überzahl von Immobilien-Krediten, die nicht zurückgezahlt werden konnten, ausgelöst wurde, hatten schließlich auch Auswirkungen auf die Gesamtbevölkerung ohne, dass sich diese aktiv am Finanzmarkt beteiligen mussten.

Ein anderes Beispiel sind börsennotierte Unternehmen, welche sich bei wirtschaftlichen Entscheidungen auch durch die Forderungen der Aktionäre beeinflussen lassen.

Oder auch die Lebensläufe von Börsenmillionären oder auch Milliardären, welche sich ihr Vermögen im Finanzmarkt erwirtschaftet haben wie der Finanzmogul Warren Buffett, sind Beispiele für verschiedene Interpretationen, welche Rolle der Finanzmarkt in der aktuellen Zeitperiode spielt.

Nun sind zum einen visuelle Eindrücke vorhanden, die die Bedeutung des Finanzmarktes unterstreichen, als auch Beispiele aus der Realwirtschaft wie der Finanzmarkt an Relevanz hinzugewonnen hat.

In dieser Hausarbeit soll eine Reihe von verschiedenen Interpretationen und Definition von dem Begriff „Finanzialisierung" veranschaulicht werden.

Diese sollen verschiedene Aspekte von Finanzialisierung aufgreifen, dabei soll jedoch keine Wertung über deren Richtigkeit vorgenommen werden, denn die Definitionen basieren auf gesellschaftlich und wirtschaftlich beobachteten Veränderungen innerhalb des gesellschaftlichen Systems. Somit vereinen sie sich darin, dass das was betrachtet wird der Finanzmarkt ist und dessen Einfluss auf das derzeitige Gesellschafts- und Wirtschaftssystem.

2. Finanzialisierung Allgemein

Im Allgemeinen werden bei der Finanzialisierung drei Hauptströmungen unterschieden, jene welche Finanzialisierung verstehen als die Möglichkeit durch Finanzprodukte Geld zu erwirtschaften, jene welche Finanzialisierung sehen als die den Anstieg des Shareholder Values und die Definition welche Finanzialisierung vor allem im alltäglichen Leben beschreibt (Aalbers 2008: 2). Jede dieser Perspektiven wird hier beleuchtet und auch deren Ausprägungen dargestellt. Finanzialisierung kann demnach von verschiedenen Ebenen betrachtet werden und durchzieht unterschiedliche Themengebiete wie etwa Unternehmen, Politik und auch Kultur.

Gerald E. Epstein fasst diese aufsteigende Rolle der Finanzmärkte in einer oft zitierten Definition zusammen:

„[…] financialization means the increasing role of financial motives, financial markets, financial actors and financial institutions in the operation of the domestic and international economies." (Epstein 2005: 3).

Diese Definition sagt aus, dass Finanzialisierung bedeutet, dass finanziellen Motive, Finanzakteure und auch finanzielle Insitutionen an Einfluss gewinnen sowohl auf die nationale und als auch die internationale Ökonomie. Somit ist das Hauptmerkmal der Finanzialisierung, dass sich zunehmend verschiedene Bereiche nach den Prinzipien dieser ausrichten.

2.1 Finanzialisierung als Kapitalakkumulation

Luis Carlos und Greta Krippner beschreiben Finanzialisierung als die neue Möglichkeit der Kapitalakkumulation mithilfe von Finanzinstrumenten, ohne dabei ein reales Produkt produzieren zu müssen (Bresser-Pereira: 2010, Krippner 2005).

Krippner geht hierbei auch weiter, indem sie feststellt, dass Finanzialisierung bedeutet, dass es möglich ist sogar den größten Teil seines finanziellen Profites auf dem Kapitalmarkt zu erwirtschaften, indem ein Investor seine vorhandenen finanziellen Mittel dazu verwendet, eine Rendite zu erwirtschaften (Krippner 2005: 174). Dies geschieht indem dieser das Geld anlegt und temporär in Form eines Finanzproduktes wie bspw. einer Aktie hält. Krippner betitelt ihre Herangehensweise an das Thema Finanzialisierung als „accumulation-centred" (Krippner 2004: 176).

Diese Möglichkeit kritisiert Carlos bereits in seiner Definition, denn er nennt das erwirtschaftete Vermögen „fiktives Vermögen" (Besser-Pereira 2010: 2). Er beschreibt seine Sichtweise recht deutlich in einem prägnanten Satz:

„Financialization will be understood here as a distorted financial arrangement based on the creation of artificial financial wealth, that is, financial wealth disconnected from real wealth or from the production of goods and services." (Besser-Pereira 2010: 3).

Besser-Pereira beschreibt Finanzialisierung hierbei als eine verzerrte Umverteilung von Profitmöglichkeiten. Es bedeutet, dass die ursprünglichen Regeln des Marktes von Produktion und Nachfrage gebrochen werden, denn durch das Kaufen und Verkaufen einer Aktie ist auf den ersten Blick kein Mehrwert geschaffen, im gleichen Sinne wie wenn ein Auto vom Händler an den Kunden verkauft wird. Dieser bezahlt mit seinem Geld ein Produkt, welches in seinem

3

Leben diverse Funktionen erfüllt, welche das Geld, welches der Händler damit erwirtschaftet rechtfertigt. Es ist zwar Kapital, was in ein Unternehmen investiert wird, dennoch ist es nicht gebunden an dieses, da die Aktien jederzeit wiederverkauft werden können. Es gibt auch Finanzinstrumente, welche lediglich auf eine Entwicklung von Aktienkursen, Währungskursen, und so weiter spekulieren und somit noch weiter entfernt sind von der Idee einen anderen Mehrwert in irgendeiner Form zu bieten als nur neues Kapital für den Investor zu generieren.

Nun fehlt dieser sichtbare produktive Mehrwert, wenn analysiert wird durch welche Art sich ein Finanzier Vermögen schafft. Somit ist eine Abkopplung entstanden von der traditionellen Vermögensakkumulation durch Produktion realer Güter hin zu einem auf Finanzinstrumenten basierten Vermögensausbau. Ein reales Beispiel für einen beachtlichen Vermögensaufbau mithilfe von Finanzprodukten ist der Großinvestor Warren Buffett. Dieser vermehrte sein Startkapital von 100.000 innerhalb ein paar Jahrzehnte auf eine Summe von 70 Milliarden Dollar (Landmesser: 2015). Dies tat er mithilfe von diversen langfristigen Aktienkäufen und später durch eine Gründung eines eigenen Unternehmens (ebd.). Dieser Fall ist der erfolgreichste in der Finanzwelt und es gibt noch einige weitere Investoren, welche sich ein Vermögen durch den Handel an der Börse erwirtschafteten.

Durch diese Änderungen von Gewinnmöglichkeiten ist auch ein struktureller Vorteil für bereits wohlhabende Personen geschaffen, diese können ihr vorhandenes Kapital dazu einsetzen um ihre beispielsweise aktienbasierte Rendite zu erwirtschaften und werden in absoluten Zahlen auch immer mehr Geld erwirtschaften können als andere, welche nicht das entsprechende Kapital haben (Lazonick 2011: 1). Diese Möglichkeit hohe Gewinne zu erwirtschaften sorgt auch für den Aufstieg an institutionellen Anleger, welche das Handeln an der Börse als ihren Hauptberuf klassifizieren (Kädtler: 2009). Bis 1960 waren Kleinaktionäre die Regelform eines Investors (Müller 2012: 560). Diesen fehlte die Zeit und das Engagement sich intensiver mit dem Finanzmarkt auseinander zu setzen und so hielten diese langfristig Aktien und erwirtschafteten somit auch eine geringere Rendite als die institutionellen Investoren, welche hohe Renditen mit hohem Risikoeinsatz erwirtschaften durch kurzfristige Investements (ebd.).

2.2 Finanzialisierung in Unternehmen: „Maximising Shareholder Value"

Andreas Nölke und Heires verstehen als einen weiteren Aspekt unter der Finanzialisierung, dass es zu einer Verschiebung der Macht von Realwirtschaftsinteressen zu Finanzwirtschaftsinteressen gekommen ist (Heires, Nölke 2011 :38). Diese Machtverschiebung ist damit begründet, dass große Kapitalanteile mittlerweile auch durch Finanzmärkte geschaffen werden und die Realwirtschaft in ihrer Stellung als Kapitalakkumulator sinkt. Ähnlich wie bei Krippner und Carlos, jedoch liegt der Fokus hierbei auf der Machtumverteilung beider Wirtschaftszweige. Durch die ansteigende Profitabilität des Finanzmarktes entstehen neue Interessensgruppen, welche durch ihre finanziellen Mittel Druck auf die Realwirtschaft und die Politik ausüben können.

Diese Veränderung ist unter anderem daran zu erkennen, dass sich der prozentuale Anteil des Gesamtumsatzes der USA, welcher durch den Finanzsektor entsteht, in den letzten Jahrzehnten mehr als verdoppelt hat (Heires, Nölke 2011: 39). Auch die Rendite, welche im Finanzsektor erwirtschaftet werden kann, hat sich vorteilhafter entwickelt als die des Produktionsmarktes (ebd.). Diese Entwicklung führt auch dazu, dass Unternehmen selbst ihre Interessen dem Finanzmarkt anpassen und Ziele anhand von Marktgegebenheiten stecken (ebd.) Demnach steigt sowohl die Wichtigkeit vom Finanzmarkt, als auch finanzmarktorientierten Zielen, finanziellen Institutionen und auch die der Finanzelite (ebd.).

Ein somit entstehender Aspekt, welcher die Machtverschiebung verdeutlicht, ist die Zunahme der Wichtigkeit des sogenannten „Shareholder Values", mit Shareholder (=Anteilseigner) sind jene Personen gemeint, welche in ein Unternehmen in Form von Aktien investieren. Fligstein und Shin benannten diese Herangehensweise einer Unternehmensstrategie als „maximizing shareholder value" (Fligstein, Shin 2007: 399).

Die Wichtigkeit des „Shareholder Values" äußert sich darin, dass sich Unternehmen zunehmend an den Interessen von Aktionären orientieren, anstatt an den Interessen der eigenen Beschäftigten (Heires, Nölke 2011: 40). Das Management eines Unternehmens orientiert sich durch die wachsende Bedeutung des Shareholder Values zunehmend daran, dass die Zahlen im Jahresabschluss stimmen, dass keine Produkte produziert werden, welche nicht den größten Profit einbringen und auch, dass sich ähnliche Unternehmen fusionieren, um somit einen noch größeren Wert erreichen zu können (Fligstein, Shin 2007: 401). Ansonsten sehen sich Manager in ihrer Position bedroht, wenn sie sich nicht an den Interessen der Shareholder orientieren (ebd.). Die Aktionäre geben vor in welcher Höhe sie Renditen erwarten, welche das Unternehmen zu erfüllen hat, bei Misserfolg bekommen dies auch die Beschäftigten zu spüren zum Beispiel durch Entlassungen, Lohnkürzungen oder höherem Arbeitsdruck (Heires, Nölke 2011: 40).

Die Wichtigkeit die Erwartungshaltung der Shareholder zu treffen, ist damit begründet, dass ihre Renditeerwartungen nicht vertraglich festgehalten sind, so wie bei Kreditgebern beispielsweise, welche das Recht haben die in einem Vertrag festgehaltenen Zinssätze für ihren Kapitaleinsatz zu verlangen. Shareholder hingegen investieren ihr Kapital in eine Firma und gehen dabei das Risiko ein, dass sie auch eine negative Rendite erwirtschaften und somit Verluste einfahren (Lazonick 2011: 2). Sie investieren ihr Kapital somit in dem Glauben, dass das Unternehmen in Zukunft wirtschaftlich erfolgreich sein wird durch ein gutes Produkt, eine gute Strategie, richtige Entscheidungen des Managements.

Dies übt Druck auf das Management aus diesen Erwartungen auch gerecht zu werden mithilfe von richtigen Unternehmensentscheidungen, welche genug Gewinn produzieren, was wiederum auch die Shareholder zu spüren bekommen durch den Anstieg des Aktienwertes und auch durch die Ausschüttung der Dividenden. Eine hohe Renditeerwartung seitens der Anteilseigner kann dann zur Folge haben, dass das Management dazu angehalten ist in riskante Projekte zu investieren, welche gewinnversprechend sind oder auch, dass die Gewinne durch unlautere Mittel erreicht werden (Windolf: 2008).

2.3. Finanzialisierung in der Politik

Doch diese Veränderung zeigt sich nicht nur Unternehmensintern, sondern auch darin, dass der Finanzmarkt auch für die Politik in Entscheidungsprozessen bezüglich Gesetzgebungen von Relevanz ist (ebd.).

Der Staat beispielsweise führt die Finanzmarktregulierung in einer laxen Art und Weise aus, da der Finanzmarkt für die gesamtwirtschaftliche Situation eine große Rolle spielt, ist der Staat weniger in der Rolle des Kontrollierens aktiv, als in der Rolle des Förderers (ebd.). Dies wird auch deutlich an den Entscheidungen seitens der Politik, welche die Weichen stellten für einen Anstieg an Aktivitäten auf dem Finanzmarkt. Die einstigen segmentierten Kapitalmärkte wurden miteinander verbunden, indem grenzüberschreitende Kapitalflüsse liberalisiert wurden (Nölke 2016: 45), das bedeutet, dass dieses nicht mehr mit hohen Transaktionskosten oder auch organisatorischen Problemen einhergeht. Ein weiterer Aspekt ist, dass auch der nationale Kapitalmarkt freier von Restriktionen seitens des Staates wurde (ebd.). Die Kreditvergabe beispielsweise wird nicht mehr staatlich geregelt, sondern bankenintern, was zur Folge hat, dass eine weniger strenge Regelung eingeführt wurde, was wiederum mehr Menschen Zugang zu Krediten gewährt hat. Ein dritter Punkt ist die Verflechtung von wirtschaftlichen Belangen mit finanziellen, indem seitens der Politik der Kapitalmarkt als Kontrollinstrument für Unternehmen eingeführt wurde und der Börsengang von Unternehmen unterstützt wird (ebd.).

Es ist also zu erkennen, dass die Politik der Finanzialisierung mit neuen Regelungen und Liberalisierung von bestehender Gesetzgebung entgegengekommen ist.

Auch die ansteigende Staatsverschuldung erhöht die Interpendenzen von Staat und Finanzmarkt (Boyer 2000: 120). Somit entsteht eine Abhängigkeit der Politik von dem Wohlergehen der Finanzindustrie, da der Staat sich unter anderem auch in Form von Staatsanleihen abhängig macht von der Entwicklung der Finanzmärkte, somit ein Interesse daran besteht die Finanzmärkte zu fördern und zu stabilisieren (ebd.).

2.4. Finanzialisierung in der Gesellschaft (private Haushalte)

Für die privaten Haushalte stieg ab 1970 die Bedeutung der Finanzmärkte ebenso stark an. Ab den 70er Jahren wurde auch ein Arbeitnehmer für eine Bank zu einer Form der Einnahmequelle (Lapavitsas 2015: 620). Diese Einnahmen generierten Bank in Form von Zinsen, Transaktionskosten und ähnlichem, doch nicht nur die Möglichkeit einen Kredit bei einer Bank zu bekommen wurde für die Allgemeinheit interessant, sondern auch Finanzanlagen wurden zunehmend massentauglich (ebd.). Die Erklärung für das neue Interesse am Finanzmarkt durch die Bebölkerung ist begründet durch eine Stagnation beziehungsweise dem langsamen

Wachstum der Löhne Ende der 70er Jahre (ebd.). Somit wurde es für Banken möglich Gewinne zu erwirtschaften durch die Löhne privater Haushalte ohne dabei einen Mehrwert produzieren zu müssen. Darauf folgend waren auch die Geldanlagen für den Finanzmarkt profitabel, welche sich mit der Zeit auch durchsetzten (ebd.).

Die Bevölkerung wurde angereizt Finanzprodukte für sich zu nutzen, denn diese werden konfrontiert mit diesem innerhalb des privaten Konsums und auch der Altersvorsorge, außerdem steigt die kreditbasierte Finanzierung von beispielsweise einem Studium, Immobilen, Konsum etc. stark an (Heires, Nölke 2011: 40). Durch die vermehrte Nutzung von Finanzprodukten ist die wirtschaftliche Situation der Bevölkerung auch verstärkt abhängig von der Entwicklung des Finanzmarktes (ebd.). Dies war auch zu erkennen durch die Finanzkrise 2008, welche durch eine Vielzahl von Krediten entstanden ist, welche an nicht liquide Privathaushalte ausgegeben wurden. Die daraufhin entstandene Krise hatte daraufhin weitreichende Folgen. Ausgelöst wurde die Krise also nicht etwa durch Unternehmensentscheidungen, sondern durch das Verhalten der Privatpersonen, welche sich mithilfe der Kredite ihr Eigenheim finanzierten. Als Folge dieser Situatio ging zum einen eine wichtige Finanzinstitution insolvent, die Bank Lehman Brothers (Quiring et. al. 2013: 12). Das Bankrottgehen dieser Bank stieß dann die größte wirtschaftliche Rezession nach dem 2. Weltkrieg an (ebd.). Eine Rezession betrifft eine Gesamtbevölkerung auch jene, welche sich nicht mit dem Finanzmarkt beschäftigen oder sich verschuldet haben, denn Rezession bedeutet unter anderem, dass die Nachfrage an Produkten zurück geht, dass Löhne oder auch Zinsen nicht mehr ansteigen, dass es einen Anstieg an Kurzarbeit gibt beziehungsweise eine allgemeine Sparhaltung seitens der Unternehmen entsteht. Um den einbrechenden Gewinnen entgegen zu steuern, federn die Unternehmen diese zum Beispiel mithilfe des Personals in verschiedenster Form ab.

Dieser Fall veranschaulicht sehr deutlich, inwiefern die Gesellschaft verwoben ist mit dem Finanzsystem. Auch Personen, welche selbst nicht am Finanzmarkt aktiv sind, spürten 2008 die negativen Folgen des Einbruchs von diesem. Eine zu laxe Ausgabe von Massen-Krediten seitens Banken, ohne die Gläubiger kritisch zu prüfen, führte zu einem gesamtwirtschaftlichen Kollaps. Somit ist es im Interesse einer jeden Privatperson sich diesbezüglich zu informieren und es stieg auch das Interesse der Gesamtbevölkerung daran Vermögen mithilfe des Finanzmarktes zu erwirtschaften und sich mit diesem zu beschäftigen, sprich Kenntnisse zu haben über den Finanzmarkt und das Verfolgen von dessen Entwicklung wurde massentauglich und bleibt in der heutigen Zeit nicht mehr nur noch den Finanzeliten zu teil (Heires, Nölke 2011: 41).

Also sind nicht nur die Risiken von Interesse, welche durch den Finanzmarkt entstanden sind, sondern auch neue Optionen, die sich eröffnen für Normalverbraucher.

3. Fazit und Kritik

Über alle hier aufgeführten Definitionen hinweg wird ein Punkt deutlich. Geld spielt in einer kapitalistischen Gesellschaft eine tragende Rolle. Kapital ist so wichtig, dass sich dieses abgespalten hat von jeglichen anderen Sphären wie Politik oder Wirtschaft (Henwood 1997: 2). Es hat eine übergeordnete autonome Stellung eingenommen und ist in verschiedenen Bereichen der Dirigent der Entscheidungen geworden, ob es nun in einem börsennotierten Unternehmen ist oder in politischen Debatten, als auch bei der Lebensplanung einer Familie, welche sich für einen Hauskauf auf 20 Jahre verschuldet hat. Das Thema Geld und Kapitalakkumulation ist präsent und im Werdegang vieler Menschen nicht wegzudenken. Hierbei ist es auch nicht verwunderlich, wenn der Finanzsektor selbst, als das neue Epizentrum von Kapitalvermehrung steht. Hierbei stark zu kritisieren, ist die Abtrennung von der produktiven Seite. Ein Geldwert entschädigt für eine erbrachte Leistung in Form eines Gutes oder einer Dienstleistung, die Finanzialisierung hingegen stellt diese Beziehung in Frage und destabilisiert auch ein System, wenn Kapital aus dem nichts erschaffen wird um wiederum Geld zu erschaffen beispielsweise in Form von Krediten.

Die Finanzialisierung wird hauptsächlich auf den Finanzmarkt bezogen, bei der Recherche fällt auf dass der Kapitalmarkt, die Banken und weitere Finanzinstitutionen im Fokus stehen. Das Wort Finanzialisierung beinhaltet den Begriff „Finanzen", welcher noch breiter aufgefasst werden kann als er es in in dieser Seminararbeit wurde. Es ist deutlich zu erkennen, dass das Thema Finanzialisierung lediglich als ein Deckmantel für das Thema der Gewinnmaximierung steht. Deutlich wird in diesem Fall, dass das Geld die Richtung vorgibt, in welche sich verschiedene Bereiche entwickeln. Und somit darf eine Erklärung zur Finanzialisierung nicht alleinstehend bleiben, ohne gleichzeitig die Bedeutung von Geld in einer kapitalistischen Gesellschaft zu erklären, welches scheinbar fast vollständig die Maxime setzt, nach welchen sich die Gesellschaft anzupassen hat. Denn ein Shareholder Value kann nicht in dem Maße an Bedeutung gewinnen, wenn unternehmensintern auch andere Interessen verfolgt werden als nur eine Gewinnmaximierung. Es ergibt sich ein mehr oder weniger einseitiges Bild bei dem immerzu die Begründung die Rendite und Gewinnausschüttung durch Finanzprodukte als Leitmotiv gilt. Auch eine Verschuldung einer Gesellschaft darf nicht alleinig durch die Liberalisierung von Krediten beispielsweise erklärt werden. Der Wunsch nach Konsum muss in ebenso starkem Maße gefördert werden, um dies zu ermöglichen. Fraglich bleibt auch das letztendliche Ziel und Sinnhaftigkeit der Finanzialisierung. Nach Sichtung vieler Quellen bleibt eine große unbeantwortet Frage zurück danach wonach die Gesellschaft strebt und, ob die Entwicklungen der letzten Jahre einigen wenigen nutzt und vielen anderen in eine erhöhte Abhängigkeit treibt.

4. Quellen

Aalbers, Manuel B. (2008): The Financialization of Home and the Mortgage Market Crisis, in: Competition and Change, 12: 2, 148-166.

Boyer, Robert (2000): Is a Finance-led Growth Regime a Viable Alternative to Fordism? A Preliminary Analysis. In: Economy and Society 29. 1. 111-145.

Bresser-Pereira, Luiz Carlos: Getúlio Vargas Foundation (2010). The Global Financial Crisis and a New Capitalism? Working Paper No. 592. Levy Economics Institute

Epstein, G. (2005): Introduction: Financialization and the world economy. Herausgeber: Financialization and the world economy, Cheltenham, S. 3-16

Fligstein Neil, Shin Taekjin (2007). Shareholder Value and the Transformation of the U.S. Economy, 1984–20001

Heires, Marcel; Nölke Andreas (2011). Finanzialisierung und Finanzkrise. Eine überarbeitete Fassung des Beitrags aus Kessler, Oliver 2011: Die Politische Ökonomie der Weltfinanzkrise, VS-Verlag, S. 37-52.

Henwood, Doug (2005). WALL STREET How It Works and for Whom. Published on the web by Doug Henwood in 2005 under a Creative Commons license.

Kädtler, Jürgen (2009). Finanzialisierung und Finanzmarktrationalität Zur Bedeutung konventioneller Handlungsorientierungen im gegenwärtigen Kapitalismus

Krippner, Greta R. (2005). The Financialization of the American Economy. In: Socio-Economic Review 3 (2): 173–208

Müller, J. (2012). Das Verhältnis von Industrie und Finanzsektor unter der Finanzialisierung1. PROKLA. Zeitschrift für Kritische Sozialwissenschaft, 42(169), 557 -. https://doi.org/10.32387/prokla.v42i169.289Lapavistas, Costas (2015)). Theorizing financialization

Lazonick, W.; (2011): From Innovation to Financialization: How Shareholder Value Ideology is Destroying the US Economy

Nölke, Andreas (2016). Finanzialisierung als Kernproblem eines sozialen Europas. In WSI Mitteilungen

Quiring, O., Kepplinger, H.M., Weber, M., Geiß, S. (2013). Lehman Brothers und die Folgen. Berichterstattung zu wirtschaftlichen Interventionen des Staates. Springer Verlag

2008 Eigentümer ohne Risiko: Die Dienstklasse des Finanzmarktkapitalismus. Zeitschrift für Soziologie, Vol. 37, pp. 516-535.

https://boerse.ard.de/boersenwissen/boersengeschichte-n/warren-buffett-die-lebende-boersenlegende-102.html